Pauliina Siro

Ulosotto

Pauliina Siro

Ulosotto

Tarinani voudin kidassa

Omaelämäkerta

Kannen suunnittelu: Pauliina Siro
Sisuksen taitto: Pauliina Siro

Kustantaja: BoD · Books on Demand GmbH, Helsinki, Suomi
Kirjapaino: Libri Plureos GmbH, Hampuri, Saksa

ISBN: 978-952-80-8344-3

VELKASALDO

Ulosoton saldo on 64 528,52 euroa. Luku näyttää lohduttomalta. Tien päältä ilman kääntöpaikkaa. Tämä on velkojeni määrä ulosoton sivuilla, kun aloitan kirjani kirjoittamisen. Ensimmäistä kertaa elämässäni tuntuu siltä, että olen aivan toivottomassa tilanteessa, josta ei ole ulospääsyä.

Halusin kirjoittaa tämän kirjan, jotta ihmiset samassa tilanteessa saisivat vertailupohjaa sekä uskoa siihen, että velkaantumisesta on mahdollista päästä eroon. Tämän lisäksi oman velkamatkani kirjoittaminen on kuin pitäisi päiväkirjaa, joka auttaa minua matkallani kohti tavoitettani jossa minun ulosottovelkasaldoni olisi 0,00 euroa ja luottotietoni puhtaat, ilman maksuhäiriömerkintää. Tämän lisäksi on terapeuttista kirjoittaa tästä asiasta ja käsitellä sitä kirjoittamisen kautta.

Uskon tämän kirjan auttavan sinua, joka olet velkakierteessä tai ulosoton asiakas. Haluan tuoda asian normaaliuden julki, ettei sen kanssa painivien tarvitsisi tuntea olevansa yksin. Nykymaailmassa, jossa ihmiset velkaantuvat hurjaa vauhtia on todella tärkeää saada vertaistukea.

Olen itse lukenut ja kuunnellut monia tarinoita velkaantumisesta ja todennut, että jokaisessa tarinassa on omat syynsä, miksi tilanteeseen on jouduttu. Toisella on perustettu yritys, otettu isot velat ja yrityksen kaaduttua on velat kaatuneet omaan niskaan. Toisella on ollut uhkapeliongelma, jossa on jahdattu aina sitä seuraavaa isompaa voittoa, eikä sitä ole ikinä tullut. Isona ongelmana on myös korona ja sen aiheuttama työttömyys. Myös Ukrainan ja Venäjän välinen sodan aiheuttama hintojen sekä korkojen nousu on aiheuttanut monelle maksuongelmia. Tällaiset tarinat ovat avanneet minun silmäni omalle tilanteelleni ja syille, joiden takia itse olen velkakierteeseen alunperin päätynyt.

Toivon tämän kirjan auttavan juuri sinua lukijani, jotta ottaisit ensimmäisen askeleen poistuaksesi velkahelvetistä ja voudin ahnaasta kidasta, kohti huolettomamapaa elämää ja kunnon yöunia ilman murehtimista siitä, onko ulosotto ulosmittaamassa sinulta palkan, eläkkeen tai jopa auton.

TILANNE NYKYPÄIVÄN SUOMESSA

350 000 suomalaisella ihmisellä oli maksuhäiriömerkintä vuoden 2024 alussa, joka on noin 4 prosenttiyksikköä vähemmän kuin vuonna 2023. Maaliskuun 2024 lopulla maksuhäiriömerkintä oli 355 600 suomalaisella, eli n. 7,5% koko Suomen väestöstä. Keskimääräinen maksuhäiriömerkintöjen määrä on 15 kpl merkintöjä. Tarinoita velkaantumisesta on yhtä monta kuin on maksuhäiriömerkintöjäkin.

Vuonna 2023 tuli voimaan uusi luottotietolaki, jonka mukaan maksuhäiriömerkintä poistuu kuukauden kuluessa siitä kun velat on maksettu pois. Ennen tätä merkinnän poistumista sai odottaa 2 vuotta. Aika oli aivan kohtuuton, eikä varmasti motivoinut ihmisiä maksamaan velkojaan pois. Luottotietolain muutoksen jälkeen 50 000 suomalaista tarttui niin sanotusti tarjoukseen ja maksoi velkansa pois, tämä hetkellisesti paransi tilastoja, mutta kun menemme vuotta eteenpäin uskon, että luku tulee kasvamaan.

Jo lukujen perusteella näkee kuinka moni meistä painii velkaongleman kanssa yksin, ilman minkäänlaista tukea tai tietoa siitä miten toimia ja päästä ongelmasta eroon. Pahimmassa tapauksessa velkaongelmien kanssa painiessa on päädytty tekoihin, joista ei ole paluuta.

Rahapuhe on yleinen tabu. Rahasta puhuminen koetaan edelleen kerskumiseksi, joka vaikeuttaa asiasta puhumista. Monelle rahasta puhuminen on vaikeaa. Sosiaalinen media on onneksi tuonut normaaliutta siihen, että rahasta voidaan puhua ja siitä onkin hyvä puhua. Monet sosiaalisen median tilit ja vaikuttajat käsittelevät juurikin tätä aihetta ja pohtivat eri ratkaisuja siihen, miten rahapuheesta saataisi normaalia. Suurimmaksi syyksi itseni kohdalla sanoisin kasvatuksen. Meillä kotona ei ikinä puhuttu rahasta, ei hyvässä, eikä pahassa. Minun nihkeä suhtautumiseni rahapuheeseen johtaa siis lapsuudestani. Puolisoni taas lähestyy asiaa aivan eri kantilta ja olenkin häneltä oppinut, että rahasta puhuminen kannattaa ja siitä keskustelu hävittää monet riidat jopa parisuhteenkin sisällä. Jos omia hermoja kiristää esimerkiksi pankkitlin tyhjyys, on hyvä, että toinen tietää ettei syy pahantuulisuuteen ole suinkaan hän, vaan se että mietin, mistä kerään rahat kasaan seuraavaa isompaa laskua varten.

Takuusäätiön sosiaalisten rahoituspalvelujen johtaja Minna Backman kertoo Helsingin Uutisissa, että velkojen järjestelyhakemuksia tulee 2000 vuodessa ja että määrä on vuosittain kasvussa. Hän toivoisi, että ihmiset saisivat apua jo ennen sitä vaihetta kun ainoa ulospääsy veloista on velkajärjestely. Myös käräjäoikeuksiin tulee yhä enemmän käräjäoikeuksiin. Esimerkiksi vuonna 2022 käsiteltiin 3800 hakemusta ja viime vuoden aikan summa oli jo 4800. Nykyinen maailman tilanne aiheuttaa varmasti hakemusten jatkuvaa nousua.

Isoimpana ongelmana avun hakemiseen on Backmanin mukaan ihmisten häpeä myöntää rahaongelmansa ja ylivelkaantumista peitellään loppuun saakka.

TAUSTAA VELKAANTUMISESTANI

Kertoakseni tarinani taustaa, joudun hyppäämään ajassa taaksepäin aina vuoteen 2017 saakka, jolloin luottotietoni olivat vielä kunnossa eikä minulla ollut useita unettomia öitä velka-ajatuksieni vainoamana. Työskentelin silloin vakityöpaikassa ja palkka oli keskiverto, eli tulin toimeen. Minulla ei ollut säästöjä, sillä kaikki mitä tuli, myös meni. Kävin töissä viisi päivää viikossa ja verojen jälkeen käteeni jäi

11

noin 2400 euroa. Elin siis normaalia elämää, ilman säästöjä ja ilman puskuria pahan päivän varalle.

Velkaantumiseni lähti liikkeelle siitä, kun päätin ostaa ensimmäistä kertaa elämässäni kalliimman auton, auton johon minulla ei olisi oikeasti ollut varaa. Halusin auton, jossa olisi hyvät varustelut ja se antaisi kuvan todella hyvin toimeentulevasta ihmisestä, jota minä siis en ollut. Katsoin autoja autokauppojen sivuilta ja löysin haluamani sporttisen auton sopivilla kilometreillä. Soitin vielä samana päivänä autoliikkeeseen ja lähdimme mieheni kanssa koeajolle sillä heti seuraavana päivänä. Auto oli varustettu kaikilla lisäherkuilla; oli nahkapenkit, peruutuskamera ja automaattivaihteisto. Rakastuin autoon heti ja halusin ostaa sen pian. Auton hinta oli noin 18 000 euroa, ja siihen piti hankkia käsirahaksi 2700 euroa. Tarvitsin rahat äkkiä ja otin kulutusluoton, jotta saisin auton haettua. Muille kerroin säästäneeni rahat käsirahaa varten, koska olin jo mukamas kauan selaillut eri autoja ja säästänyt käsirahan autoon tässä ajassa. Minä en ole koskaan osannut säästää ja se onkin yksi isoimmista ongelmistani rahan kanssa.

Autoliikkeessä ostopäivänä käteni hikosivat jännityksestä, mitä jos kulutusluottoni nyt jotenkin vaikuttaa siihen, ettei autoa pystykään ostamaan osamaksulla? Tämän lisäksi meillä oli asuntovelka, jos siellä meinataankin, ettei tuloni riitä maksamaan molempi? Myyjä näpytteli konettaan ja haki luottopäätöstä rahoitukselle, ensimmäinen rahoitusyhtiö näytti, ettei tuloillani saisi rahoitusta. Mahassani tuntui olevan painava kivi, joka muljahteli aina kun automyyjä painoi enteriä näppäimistöllään. Sitten hän sanoi hakevansa päätöksen toiselta rahoitusyhtiöltä. Sydämeni hakkasi ja olin jo menettämässä järkeni kun jännitin niin paljon. Sitten myyjä sanoi, että Nordea rahoitus myöntää minulle auton osamaksulla. Huokaisin helpotuksesta, saisin kuin saisinkin oman upean auton! Auton rahoitus onnistui "järkevällä" 450 euron kuukausierällä. Nyt jälkeenpäin katsottuna tämän päätöksen jälkeen alkoi minun henkilökohtainen alamäkeni kohti voudin avoinna olevaa kitaa.

VELKAVUOREN KASVU

Vuonna 2017 remontoimme juuri ostamaamme omakotitaloa. Remontti oli perusteellinen ja kallis. Uusimme kaiken sähköistä, vesiputkiin ja viemäröinteihin. Laskuja tuli jatkuvasti ja aina piti olla hakemassa jotain tarviketta ja puutavaraa remonttia varten. Ajelin tottakai tyytyväisenä uudella juuri hankitulla velallisella autollani, mutta auton hankinnan jälkeen en enää pysynyt mieheni tahdissa maksamaan kaikkia remonttikuluja puoliksi. En kertonut tätä miehelleni, joka oli alunperinkin sitä mieltä ettei auton osto ollut järkevää. Miksi ostaa kallis auto, kun pisteestä A pääsee pisteeseen B halvemmallakin kulkineella. Kuinka oikeassa hän olikaan näin jälkikäteen ajateltuna! Jälkiviisaus ei enää auta, suossa ollaan ja syvällä.

Kaikessa hiljaisuudessa hain taas googlesta hakusanoilla kulutusluottoa nopeasti ja otin lisää luottoa eri paikoista. Näillä pysyin remontointilaskujen maksuissa mukana, vaikka maksoinkin ne velkarahalla, jossa oli todella kallis korko. Kynnys velan ottoon oli pieni. Lainan sai nopeasti, yhden hakemuksen täyttämällä ja internet oli pullollaan toinen toisiaan kierompia rahoituslaitoksia. Korot eivät minua kiinnostaneet, kunhan sain seuraavan laskun maksettua. Tästä seurasi se, että ostin osamaksulla television, pyykinpesukoneen, sohvan jne... Kierre oli valmis, eikä rahani millään enää riittäneet kuukausittaisiin maksuihin ja elämiseen.

Postilaatikosta alkoi tippumaan ensin muistutusmaksuja jotka muuttuivat perintäfirmojen kirjeiksi. Tässä vaiheessa säikähdin ja otin yhdistelylainan, jolla yritin selättää kasvavan velkavuoren. Eli kyllä, maksoin velkaa velalla, joka on tyhmintä mitä tuossa tilanteessa voi tehdä, mutta minä tein sen. Enkä ikävä kyllä usko olevani ainoa, joka tuohon kierteeseen joutui. Uskon monen hakeneen samoja kulutusluottoja kuin minä ja he olivat samassa tilanteessa kuin minä, sillä hakukone sekä sähköpostini alkoivat täyttymään yhdistelylainatarjouksilla. Tilanne ahdisti minua kovasti, mutta miehelleni en kertonut tilanteestani mitään.

Vuonna 2018 menetin luottotietoni. Siitä on nyt kuusi vuotta. Edelleen elän ja hengitän samaa ilmaa kuin ne, joilla ei luottohäiriömerkintää ole, vaikka tunnenkin olevani kakkosluokan kansalainen niin sanottujena normaaleiden ihmisten joukossa.

Mentaliteetti, jonka mukaan pärjään kyllä yksin, tulee lapsuudestani, jolloin minut huostaanotettiin oman perheeni luota jo pienenä. Kuusivuotiaaksi saakka olin lastenkodissa, josta minut onneksi huostaanotettiin aivan ihanaan perheeseen, jonka luona asuin aikuisikään saakka. Rahankäyttöä ei siellä minulle opetettu oikein millään tavalla ja toivoisinkin, että kouluopetuksessa otettaisi huomioon perusasiat rahankäytön opiskelussa, sillä se on monessa kodissa vinksallaan nykypäivänä. Jos opit kotona niin sanottuun väärään malliin tietämättä oikeaa, kuinka voisit tietää muusta. Nykypäivän osamaksut sekä uuden auton ostomahdollisuus ilman sentin senttiä tilillä on minusta vaarallista ja nykynuorien mielestä aivan normaalia.

Minä en syytä tyhmistä päätöksistäni ketään muuta kuin itseäni, minähän ne luotot hain, nostin ja kulutin. Olen itse oman onneni ja myös epäonneni seppä.

PELÄTTY POSTILAATIKKO

Aluksi yhdistelylainojenkin maksut sujuivat hyvin, mutta sitten sain tietää olevani raskaana ja kotiin jäänti oli edessä, ainakin toistaiseksi. Tuloni tippuivat ja perintäkirjeet muuttuivat voudin kirjeiksi.

Ajattelin, että tässä kohtaa on hyvä kertoa vaiheista jotka lasku käy läpi ennenkuin se on ulosotossa. Perintäyhtiö Kredinor kertoo seuraavasti laskun etenemisestä ulosottoon „Alkuperäiselle laskulle on merkitty eräpäivä, johon mennessä lasku pitää maksaa. Jos et ole huolehtinut maksamisesta eräpäivään mennessä, aloitetaan yleensä toimenpiteet sen varmistamiseksi, että yritys saa maksun saatavistaan. Usein maksamattomasta laskusta voidaan lähettää sinulle muistutus. Joissain tapauksissa muistutuksen saat suoraan taholta, jolle olet velkaa, tai perintätoimistolta, jolle yritys on siirtänyt asian.

Jos et ole hoitanut maksua eräpäivään mennessä, 14 vuorokauden kuluttua eräpäivästä sinulle voidaan lähettää maksumuistutus. Se on ilmoitus siitä, että erääntynyt maksu on edelleen hoitamatta. Maksumuistutuksesta ei vielä seuraa sinulle maksuhäiriömerkintää. Maksun hoitaminen voi joskus unohtua keneltä tahansa, mutta asia kannattaa hoitaa kuntoon mahdollisimman pian. Jos lasku on edelleen maksamatta muistutuksesta huolimatta, perintätoimisto voi jatkaa perintää lähettämällä sinulle maksuvaatimuksen.

Maksuvaatimus voidaan lähettää, kun maksumuistutuksesta on kulunut vähintään 14 päivää. Maksuvaatimus on yleensä kirjallinen. Se voidaan toimittaa myös sähköisesti, jos olet antanut siihen suostumuksen. Maksuvaatimuksestakaan ei automaattisesti seuraa vielä maksuhäiriömerkintää. On kuitenkin hyvä huomata, että maksamaton kuluttajaluotto voi 60 päivän viivästyksen jälkeen aiheuttaa maksuhäiriömerkinnän, jos siitä on mainittu luottosopimuksessa ja uhasta on mainittu kirjallisessa maksukehotuksessa."

Jos maksumuistutusten ja maksuvaatimuksien jälkeen et vieläkään maksa laskua, siirrytään vapaaehtoisesta perinnästä oikeudelliseen perintään, jonka hoitaa käräjäoikeus. Sinulle lähetetään käräjäoikeudelta haaste, johon sinun tulee regoida. Minun kohdallani se oli puhelimeen vastaaminen ja myönsin asiat, osasta tuli kotiin postissa kirje, joka pyydettiin palauttamaan allekirjoitettuna käräjäoikeuteen postilla. Jos et reagoi millään tavalla, käräjäoikeus tekee niin sanotun yksipuolisen tuomion asialle. Tässä vaiheessa et voi enää neuvotella maksusuunnitelmaa ja sinulle aiheutuu maksuhäiriömerkintä. Saat ulosottomieheltä lopulta tiedon miten tulojasi ulosmitataan.

Oikeudellisen perinnän vaiheet ovat suoraoikoiset :

Vaihe 1. haaste

Vaihe 2. tuomio

Vaihe 3. ulosotto

Ulosotossa ensisijaisesti ulosmitataan palkkatuloa, sitten omaisuutta. Esimerkiksi vouti saattaa noutaa sinulta auton joka ylittää arvoltaan 5000 euroa, etkä tarvitse sitä työssäsi. Olen kyllä kuullut tapauksista, joissa velallisilla on kalliimpiakin autoja, mutta tällöin kyseessä on osamaksuauto, joka siis ei ole heidän omansa vaan osamaksulla heille myyneen yrityksen. Ulosotto ulosmittaa auton vasta, kun se on maksettu ja ulosmittaus kannattaa velkojen vähentämiseksi.

Omalla kohdallani avasin joka ikisen kirjeen käräjäoikeudelta ja vastasin aina kun käräjäoikeudesta soitettiin, että myönnänkö tämän ja myönsinhän minä kaikki tekemäni huonot päätökset. Edelleenkään en kertonut miehelleni tilanteestani vaan ajattelin, että pakko tästä on selvitä yksin.

Rupesin ajattelemaan ja seuraamaan postinjakelua ja huomasin, että tiistait ja torstait voin olla myöhempään töissä, koska posti ei kulje silloin. Eli mieheni ei hae postia, eikä huomaa perintäkirjeitä. Sitten tuli eteen lomamatka parhaan ystäväni kanssa ja ainoa asia jota ajattelin oli, ettei kai

21

postilaatikkoon tipu lomani aikana perintäkirjeitä. Pelkäsin koko lomani ajan, että nyt mieheni soittaa ja kysyy miksi meille on tullut kirje käräjäoikeudelta. Onneksi ei tippunut, kaikki taisivat silloin juuri olla kesälomalla.

Tässä tilanteessa mietin, että mitä postinjakelija ajattelee, kun meidän postilaatikkoomme tippuu jatkuvasti perintäkirjeitä. Nolotti aina nähdä postinjakelija. Mietin, että onneksi heillä on vaikeneminolovelvollisuus, eikä heillä ole oikeutta tutkia muiden posteja, saati puhua niistä muille. Silti, minä tiesin että hän tietää.

MOBIILIPANKKI

Minulla on käytössä kännykässäni mobiilipankki, jota katson jatkuvasti tarkastaakseni käyttötilini saldon. Useita kertoja päivässä. Joka aamu kun herään katson pankkitilini saldon. Tämä on minulle pakkomielle. Aina kaupassa ennen kassaa tarkistan pankkitilini saldon, ettei sieltä vain olisi yhtäkkiä mennyt jokin maksu joka olisi pienentänyt tilin saldoa. Mikä olisi nolompaa kuin se, että kaupan kassalla kone ilmoittaisi "ei myyntilupaa".

Siirrän aina rahaa edestakaisin kahden tilini välissä, jotta ruokakauppaostokset tulisi tehtyä. Olisi ihana kuvitella tilanne, jossa minun ei tarvitsisi miettiä onko tilillä nyt tarpeeksi rahaa, että saan ostettua ostokseni. Lasken aina ruokakaupassa ostoksieni summia yhteen, kun laitan niitä koriin. Kassalla on aina pieni jännitys, laskinko nyt varmasti oikein? Jos joku tuotteista olikin hinnoiteltu väärin? Mitä jätän pois, jos rahat eivät riitäkään? Samalla katson muita ihmisiä jonossa ja mietin, että kyllä heillä on huoletonta käydä kaupassa, keräävät koreihinsa tavarat ja maksavat ne, ilman minkäänlaista matematiikkaa, laskemista ja jännitystä. Kassan jälkeen vien ostokset autoon, avaan mobiilipankin ja katson paljonko rahaa jäi tilille. Tiedän jatkuvasti paljonko minulla on rahaa tililläni. Tällainen jatkuva tilin saldon seuraaminen ei voi olla tervettä saati hyväksi mielenterveydelle. Minun on jatkettavata sitä, niin kauan kunnes saan raha-asiani mallilleen.

Kadehdin miestäni, jolla on ainakin kaksi säästötiliä sekä käyttötili. Tämän aion itse myös toteuttaa kun palkkatuloni kasvavat. Paras sääntö jonka olen säästämisestä kuullut on että maksa ensin itsellesi. Eli kun palkkatulo kilahtaa tilille, siirrä ensin esimerkiksi 10 % palkasta omalle erilliselle säästötilille. Sen jälkeen maksaa kaikki muut laskut. Muuten käy kuten minulle tähän saakka ja tili on tyhjä ennen kuukauden puoliväliä ja loppukuu vitkutetaan lähes nolla budjetilla.

MINÄ VS VOUTI

Minulla on ollut koko velkakierteeni ajan hyvät suhteet ulosottoon ja sieltä on oltu ymmärtäväisiä tilannettani kohtaan, jopa kun olin kotona lapsen kanssa enkä pystynyt tilittämään ulosottoon mitään. Olen aina maksanut ulosottoon maksusuunnitelman kanssa, eikä palkastani ole otettu suoraan ulosoton maksuja vaan lyhennän velkaani joka kuukausi ulosoton sähköisen palvelun kautta.

Meillä on omakotitalo, johon vouti voisi tehdä niin sanotun suojaavan ulosoton, eli ettemme pystyisi asuntoa myymään ulosoton ohi. Olen kumminkin ilmaissut asiani aina niin, että asuntomme on perheemme koti, jota olemme remontoineet, enkä halua siitä luopua.

Aina olen maksanut ulosottoon kaiken, mitä pystyn. Ennen kotiin jääntiä tein maksusopimuksen ulosoton kanssa ja noudatin sitä, kun jäin kotiin otin ulosottoon yhteyttä ja he ymmärsivät tilanteen ja sovimme, että olemme yhteydessä kun palaan työeälämään.

Kun palasin toisen lapseni syntymän jälkeen töihin, tein vain osa-aikaista työtä, sillä aloitin ammattikorkeakouluopinnot vanhempainvapaan aikana joka sitten muuttuikin opintovapaaksi, jolloin sain nostettua aikuiskoulutustukea. Nyt kun opinnot ovat opinnäytetyötä vaille valmiit alan tehdä töitä enemmän ja maksan velkojani euro eurolta pois. Urakka tulee olemaan iso, mutta päämääräni on selvä.

Ulosotto arvioi aina tilanteeni puolivuosittain ja teemme uuden maksusuunnitelman. Arvioinnissa katsotaan tilanteeni läpi ja ulosoton ihminen kartoittaa maksuvarani jonka perusteella teemme uuden maksusuunnitelman. Odotan jo seuraavaa palaveria. Haluan kertoa heille tavoitteestani maksaa velkani pois. Samalla voimme varmasti nostaa maksusuunitelmani erän määrää, sillä tuloni ovat kasvaneet viime vuoden lopulta.

Oma neuvoni on, että pidä hyvät välit ulosoton kanssa ja ole heihin yhteydessä pienistäkin muutoksista taloustilanteessasi. Ulosotto kerää tulotietosi tulorekisteristä, joten he kyllä saavat tulosi selville joka tapauksessa. Oma aktiivisuuteni on ainakin palkittu joustavuudella, sekä neuvotteluvaralla maksujen kanssa oman ulosottoyhteyshenkilöni kanssa.

Ulosoton yhteyshenkilö muuttuu tasaisin väliajoin, näin ainakin minulle on tapahtunut useamman kerran. Joka kerralla minulle on tullut yhteistyöhaluinen työntekijä, jonka kanssa maksuista on pystynyt keskustelemaan. Viimeksi tänään laitoin viestiä hänelle ja kysyin auton hankkimiseen neuvoja. Vastaus tuli nopeasti ja oli asiallinen. Saan omistaa auton, varsinkin jos se on työmatkan kannalta välttämätön ja minulla se on. Auton maksimiarvoksi hän sanoi 5000 euroa, silloin ei ainakaan olisi vaaraa, että sitä kukaan olisi minulta ulosmittaamassa. Hän lupasi lisätä tietoihini, että auto on työmatkan kannalta minulle välttämätön, lisäksi kaksi pientä lasta edesauttaa asiassa ja auton välttämättömyydessä.

Vapaakuukausia saa hakea ulostosta ja niiden hakeminen kannattaakin, jos tietää esimerkiksi, että jonain kuukautena on tulossa isompi lasku tai esimerkiksi auton hankinta tulisi kyseeseen. Ulosotto myöntää maksimissaan minun tapauksessani kolme lyhennysvapaata kuukautta vuodessa, joka onkin pelastanut minulta kaksi joulua, kun on jäänyt enemmän rahaa lasten joululahjoihin ja jouluruokaan. Tämän lisäksi voi saada vapautuksen erityisestä syystä, joka minulla oli auton hankinta, johon käytin kesälomarahani.

MAKSUKIELTOLASKURI

Ulosoton sivuilta löytyy maksukieltolaskuri, jonka käytön olen todennut todella käteväksi. Minulla on sovittu maksusopimus kyllä ulosoton kanssa, joka on kiinteä summa kuukaudessa, mutta jos tuloni menevät yli sen verran, että minun tulisi maksaa enemmän, maksan aina maksukieltolaskurin ilmoittaman summan. Näin ulosotossakin nähdään, että noudatan maksusuunnitelmaamme. Ulosotto hakee minun tulotietoni tulorekisteristä, josta he näkevät kaikki sen kuukauden aikana tienaamani tulot ja vertaavat sitä maksamaani summaan.

Ulosoton internetsivuilla kerrotaan ulosmittauksen määrästä seuraavasti :

Suojaosuus kalenterikuukaudessa 1.1.2024 lukien

- Velallinen yksin: 976,80 €
- Velallinen +1 elatuksen varassa: 1 262,40 €
- Velallinen +2 elatuksen varassa: 1 548,00 €

- Velallinen +3 elatuksen varassa: 1 833,60 €

Ulosmitattava määrä 1.1.2024 lähtien

1. Jos palkka on pienempi kuin suojaosuus, siitä ei ulosmitata mitään.

2. Jos palkka ylittää suojaosuuden, mutta on enintään kaksi kertaa suojaosuus, ulosmitataan suojaosuuden ylittävästä palkasta kaksi kolmasosaa (tulorajaulosmittaus 2/3 x (palkka – suojaosuus)).

3. Jos palkka on suurempi kuin kaksi kertaa suojaosuus, mutta enintään neljä kertaa suojaosuus, ulosmitataan nettopalkasta yksi kolmasosa (1/3).

4. Jos palkka on suurempi kuin neljä kertaa velallisen suojaosuuden määrä ulosmitataan yksi kolmasosa neljä kertaa velallisen suojaosuuden määrää vastaavasta palkanosasta ja lisäksi neljä viidesosaa sen ylittävästä palkanosasta. Palkasta ulosmitataan kuitenkin enintään puolet.

Tämä saattaa vaikuttaa kryptiseltä luettevalta ja maistua suussa vanhalta laholta puulta, mutta kuten aikaisemmin kirjoitin, on ulosoton sivuilta löytyvä maksukieltolaskuri todella hyvä työkalu, jos haluaa tarkastaa tilitettävän määrän oikeellisuuden. Tämän lisäksi ulosotossa työskentelevät auttavat jos kysymyksiä ilmenee. Saman avun saa myös talous- ja velkaneuvonnasta.

Maksukieltolaskurissa on myös kohta, johon voit syöttää maksukieltosi numeron, jos olet sellaisen saanut. Numeron syöttämällä osaa laskuri ottaa huomioon ulosoton kanssa sopimasi asiat, esimerkiksi huollettavien määrästä.

Joskus voit myös sopia ulosmittauksen rajoittamisesta, ja silloin sinulla on vain tietty summa jonka maksat ulosottoon, silloin en tarvitse maksukieltolaskuria, kun ulosoton lyhennyserä on aina samansuuruinen.

Minusta ulosoton maksukieltolaskuri sopii myös tilanteisiin, jossa halutaan tarkastaa onko palkanlaskennassa tilitetty oikea summa ulosottoon. Olen lukenut facebookin VTR-ryhmästä, että joillain tilitykset ovat olleet väärän suuruisia ja otettuaan yhteyttä palkanlaskentaan, on ulosotto korjannut tilityksen ja palauttanut väärin tilitetyn osuuden velalliselle. Onhan ulosoton noudatettava lakeja, vaikka palkanlaskennassa oltaisi tehty inhimillinen virhe.

SIVUTOIMINEN YRITTÄJYYS – TOIMINIMI JA ULOSOTTO

Minulla on palkkatyöni lisäksi pienimuotoista yritystoimintaa. Tienaan tällä toiminnalla nykyisin vain joitakin satasia lisää kuukaudessa.

Olin tästäkin asiasta heti rehellisesti yhteydessä ulosottoon ja selitin kuvioni. Yhteyshenkilöni sanoi, että toiminimeni tuloista minun tulisi tilittää ulosottoon 1/3 osaa joka kuukausi. Tämä tilitettävä osuus tulee siis laskea tuloksesta, jonka olen tehnyt kyseisenä kuukautena. Sitä ei kuulu laskea suoraan myynnin määrästä, vaan samaan tapaan kuin palkastakin lasketaan, eli kaikkien vähennysten jälkeen. Minä esimerkiksi ostan tuotteen ja modifioin sitä. Tähän tarvitsen tietysti tarvikkeita ja osia, jotka saan vähentää myyntihinnasta. Maksan siis pelkästä puhtaasta voitosta ulosottoon 1/3 osaa. Esimerkiksi laitan oman puhelinlaskuni sekä internetyhteydestäni tulevat kulut toiminimelleni, sillä ilman niitä en pystyisi yritystoimintaani pyörittämään.

Tilitykset ulosottoon kannattaa huolehtia aina ajan tasalle, sillä esimerkiksi tapauksessa, jossa toiminimi yrittäjällä olisi pari isompaa asiakasta, voisi ulosotto ottaa heihin suoraan yhteyttä ja tehdä heille maksukiellon sinua kohtaan. Eli asiakkaat tilittäisivät laskujen maksut suoraan ulosotolle. Tämä ei varmastikaan luo toiminimi yrittäjästä luotettavaa kuvaa ja asiakassuhteet saattaisivat olla vaarassa. Jos huolehtii maksut ajallaan ja ne täsmäävät yrityksen tulokseen, ei tulisi ulosoton huolestua asiasta, vaan olla vain tyytyväinen, kun rahaa tulee säännöllisin väliajoin ja oikeita summia.

Kuulin velkaneuvojaltani tilanteesta, jossa sairaseläkkeellä oleva ihminen alkoi pyörittämään pientä yritystä toiminimellä. Laskutus ei ollut suuri vuodessa, mutta käräjäoikeus katsoi henkilön yrittäjäksi, eikä hän näin ollen päässyt velkajärjestelyyn, sillä maksuvara ei riittänyt. Sairaseläkkeellä maksuvara olisi saattanut riittää. Tarkkuus on valttia mietittäessä, miten juuri sinun tilanteesi kääntyisi voitoksi. Kannattaako perustaa toiminimeä vai tehdä lisää töitä verokortilla, se riippuu monesta eri asiasta ja kaikki tapaukset käsitellään aina tapauskohtaisesti sekä velkajärjestelyssä, että käräjäoikeudessa.

TAVOITE ASETETTU

Päätin asettaa tavoitteen, joka motivoisi minua saamaan velkasaldoni nollaan. Aloitin urakkani siitä, että ensin tulostin velkajärjestelijäni tekemän listan. Velkojat oli merkitty paperiin pitkäksi listaksi numeroiden, velkoja 1, velkoja 2, velkoja 3 ja niin edespäin. Aloitan velkojen maksamisen pienemmistä veloistani samalla kun tilitän ulosottoon kuukausittaisen maksusuunnitelman mukaisen erän. Alku vaikuttaa toivottamalta, mutta olen motivoitunut työskentelemään kohti tavoitettani.

Otan yhteyttä velkojiini, kerron tilanteeni ja odotan heidän vastauksiaan viesteihini. Velkojiani on ainakin 15 eri perintäfirmaa. Käyn listaa läpi ja lähetän sähköposteja tai kirjaudun heidän palveluihin ja lähetän viestini sitä kautta.

Velkasaldoni vain kasvaa ulosotossa ollessaan korkojen takia, jonka seurauksena ainoa ulospääsyni tilanteesta on maksaa lisälyhennyksiä velkojilleni. Iso osa velkojistani on ymmärtäväisiä. Ymmärtäväthän he, että he eivät todennäköisesti tule saamaan rahojaan normaalin ulosoton kautta, joten he suostuvat kohtuullistamaan omia kulujaan ja korkojaan. Tämä auttaa paljon velkavuoren pienentämisessä. Velka velalta aion selättää tuon mahdottomalta tuntuvan vuoren.

Asettamani tavoite mielessä motivaationi tehdä töitä enemmän ja ansaita rahaa kasvaa. Ennen tavoitetta ajattelin, että miksi työskennellä enempää, ulosotto vie rahani kumminkin ja käteeni jää sama suojaosuus joka kuukausi. Ajattelin aluksi vain odottaa velkojeni vanhentumista. Sitten tutkin asiaa ja ulosoton sivuilta selviää, että saankin tienata enemmän, jolloin tietysti tilitän enemmän ulosottoon, mutta minulle jää myös enemmän rahaa käteen.

Itse osuin opiskelulanteessani kohtaan kaksi (Jos palkka ylittää suojaosuuden, mutta on enintään kaksi kertaa suojaosuus, ulosmitataan suojaosuuden ylittävästä palkasta kaksi kolmasosaa (tulorajaulosmittaus 2/3 x (palkka – suojaosuus)). Olen tullut toimeen tällä rahamäärällä. Nyt kun teen enemmän töitä, olen kohdassa kolme (Jos palkka on suurempi kuin kaksi kertaa suojaosuus, mutta enintään neljä kertaa suojaosuus, ulosmitataan nettopalkasta yksi kolmasosa (1/3) ja käteeni jää joitakin satasia enemmän joka kuukausi. Niillä teen ylimääräisiä lyhennyksiä velkojille.

Velat myös vanhenevat tietyn ajan jälkeen ulosotossa. Jotkut ihmiset ovatkin asennoituneet odottamaan ja he vain odottavat velkojensa vanhenemista. Eli eivät suorita mitään maksuja ulosottoon. Palkkatöissähän tämä ei onnistu, sillä vouti tarkastaa tulot tulorekisteristä ja näin ollen löytää kyllä asiakkaansa jos häneltä jonkinlaista lyhennettävää löytyy. 'Velka, johon on haettu velkomustuomio, vanhenee lopullisesti tuomiopäivästä laskien 15 vuodessa. Jos kuitenkin velkojana on yksityishenkilö tai velka johtuu rikoksesta, vanhenemisaika on 20 vuotta. Velka, johon ei ole haettu velkomustuomiota, vanhenee lopullisesti eräpäivästä laskien 20 vuoden kuluttua.` Kerrotaan talous- ja velkaneuvonnan sivuilla. Minun kohdallani velkani siis vanhentuisivat vuonna 2034. En aio odottaa niin pitkään, en todellakaan.

AKORDI VAI
MAKSUSUUNNITELMA

Talous- ja velkaneuvonnan sivuilla akordista kerrotaan : 'Jos velka on vanha, voit yrittää neuvotella velkojan kanssa myös akordista. Akordi tarkoittaa, että velkoja antaa anteeksi koko velan tai osan siitä, kuten myöhästymisestä aiheutuneet viivästysmaksut. Akordi on velkojalle vapaaehtoinen.'

Minun tapauksessani akordit ja maksusopimukset velkojieni kanssa olisivat ainoa ulospääsy velkahelvetistä. Akordeissa velkojat siis antavat korot ja kulut kokonaan tai osittain anteeksi. Monesti akordissa maksetaan koko velkasumma kerralla, mutta myös velan maksu osittain on mahdollista.

Kerran minulle soitti yksi isoimmista velkojistani ja kysyi olisiko minun mahdollista maksaa velkaani kerralla, he unohtaisivat kokonaan velan korot. Tästä puhelusta minulle syntyi ajatus alkaa neuvottelemaan akordeista jokainen velkoja kerrallaan. Puhelun aikana olin vielä opiskelija, eikä minulla ollut mahdollisuutta edes ajatella koko summan maksamista velkojalle.

Maksusuunnitelman voi myös yrittää sopia velkojan kanssa, sillä siinä vaiheessa kun maksut ovat jo ulosotossa, on velkoja tietoinen, että jokainen ylimääräinen euro jonka he sinulta saavat, on todella hyvä asia ja siksi ainakin omalla kohdallani velkojat olivat suostuvaisia sopimaan maksusuunnitelmia.

Facebookin VTR - ryhmässä olen törmännyt myös tapauksiin, jossa velkoja on antanut korkojen ja kulujen lisäksi myös velan pääomaa anteeksi kun velallinen on reippaasti ottanut yhteyttä suoraan velkojaan ja kertonut elämäntilanteestaan. Tietynlainen röyhkeys tässäkin asiassa auttaa; tarjoaminen velkojille akordiksi mahdollisimman alhaista summaa ja lähteä neuvottelemaan siitä ylöspäin. Jos velat ovat vanhoja, on aina suurempi mahdollisuus saada asiat neuvoteltua hyvinkin edulliseen hintaan. Oma aktiivisuus palkitaan tässäkin asiassa.

Oman ulosottomatkani varrella opin myös sen, että jos sovin maksusopimuksia velkojieni kanssa,tulee tästä lisämaksua ulosottoon. Joka kerta kun maksan suoraan velkojalle, he ilmoittavat ulosottoon ulosoton ohimaksusta, josta ulosotto ottaa 12 euron ulosottomaksun. Oma ulosoton yhteyshenkilöni neuvoikin minua, että sopimamme maksusuunnitelman lisäksi minun kannattaa maksaa ylimääräisiä laskuja ulosoton maksupalvelun kautta, jossa saan kohdistaa haluamani rahasumman tietylle velkojalle.

Näin ollen ulosottomaksua ei peritä erikseen, mutta velka lyhenee. Tästä poikkeuksena tietysti velat, joita ei ole ulosotossa sekä akordit, joissa saat isomman alennuksen kuluista ja koroista, niin että se kannattaa maksaa suoraan velkojalle. Näissä asioissa excel on minulle suuri apu. Minulla on lista, johon olen merkannut kaikki velkojat, summat ja heidän tarjoamansa maksusuunnitelmat tai akordit. Tämän jälkeen lasken kumpaa kautta minun kannattaa velkaa maksaa; velkojalle vai suoraan ulosottoon. Minulla molempia on aikalailla saman verran.

Pienellä vaivannäöllä pystyy siis säästämään satasia, kun pyytää rohkeasti velkojilta akordeja tai maksusuunnitelmia ja sitä kautta laskee kummalla tavalla säästäisi maksuissa.

VAPAAEHTOINEN
VELKAJÄRJESTELY VELKOJAN
KANSSA

Minulle uutena asiana sen jälkeen kun lähdin velkojani selvittämään oli se, että esimerkiksi Lowellin kanssa on mahdollista sopia vapaahtoisesta velkajärjestelystä. Tämä takoittaa sitä, että sovit Lowellin alaisuudessa olevien velkojesi kanssa maksusopimuksen, kaikki mukaanlukien. Eli Lowellilla olevat kaikki velkasi lasketaan mukaan maksujärjestelyyn, myös jo ulosottoon siirtyneet. Vapaaehtoisessa velkajärjestelyssä korkoja voidaan kohtuullistaa, kun Lowell saa kokonaiskuvan tilanteestasi.

Lowellin sivuilla mainiraan „pitkäaikainen maksusuunnitelm 7 vuotta", se sopisi minulle, sillä Lowellin velkojen summani on yhteensä 12 582,13 euroa. Jos maksan 120 euroa kuukaudessa, saattaisin saada maksuni hoidettua. Pitkä aikahan tämä on, mutta saan tottakai tehdä lisäsuorituksia, jotka sitten lyhentäisivät velka-aikaa loppupäästä.

Tulostan hakemuksen ja täytän sen, se vaatii aikaa ja laskemista. Minun tulee kerätä kaikki tulot ja menot itseltäni sekä myös aviopuolisoltani, jotta kokonaiskuva hahmottuu. Kun kaikki tulot ja menot on syötetty exceliin, laskee excel minun maksuvarani. Maksuvarani näyttäisi olevan tällä hetkellä 1471,20 euroa. Onko tämä hyvä vai huono asia? En osaa sanoa, mutta totta se on sillä luvut eivät valehtele. Lähetän hakemuksen sähköpostilla ja jään jännityksellä odottamaan vahvistusta. Jännittää mitä tuleman pitää…

Puhelimeni sähköposti kilahti, jossa ilmoitettiin, että hakemukseni on vastaanotettu ja hakemusten käsittelyaika on noin 4 viikkoa. Eli vielä joudun elämään jännityksessä, onnistuuko velkojeni yhdistäminen yhdeksi köntiksi. Jo viikon kuluttua puhelimeni kilahti jälleen sähköpostin merkiksi. Otsikossa isoilla kirjaimilla luki „VAPAAEHTOINEN VELKAJÄRJESTELY" Lowellilta tuli vastaus. Hermostutti mitä he vastasivat. Viestissä luki vastatarjous. Minulla on heille velkoja kuudelta eri velkojalta. He tarjoavat, että jakavat velkojat kahteen eri könttään, joita maksan kuukausittaisella summalla. Jos suostun tähän, he ottavat velat pois ulosotosta ja alan lyhentämään velkaa suoraan heille. Kokonaissumma on yhteensä 20 300,30e ja maksuohjelma olisi toisessa 60kk ja toisessa 48kk. Kuukausittainen maksuerä olisi toisella köntillä 200 euroa kuukaudessa ja toisella 180 euroa kuukaudessa, eli yhteensä 380 euron kuukausierä. Jos minulla ei olisi muita velkoja, tarttuisin tarjoukseen heti kynsin ja hampain, minun tilanteessani yritän tehdä heill vastatarjouksen, jolla lyhentäisin vain toista könttäsummaa heille. Siinä velan summa on 13 647 euroa, ja maksaisin sitä 200 euroa kuukaudessa eli maksettavakseni jäisi 12 000 euroa. 1647 euroa he olisivat tässä tapauksessa valmiita tulemaan vastaan. Toinen summa on 8100 euroa, jonka antaisin olla ulosotossa, sillä rahani eivät riitä molempien lyhentämiseen.

Jos jotain olen oppinut VTR-tukiryhmästä on röyhkeys velkojen neuvotteluvaiheessa. Ensimmäiseen tarjoukseen harvoin kannattaa suostua ja kulujen sekä korkojen kohtuullistamisessa saa vaatia, sillä velkojilla on pelko, etteivät saa rahojaan mitään kautta.

Kirjoitan vastauksen sähköpostiin, ja jään odottamaan mitä Lowell vastaa. Kului viikko ja Lowellilta tuli vastaus. He eivät suostu ehdotukseeni, sillä se ei ole heille kannattavaa. Minun tulee siis tehdä vain ylimääräisiä lyhennyksiä ulosottoon ja sitä kautta lyhentää velkaani. En lannistu tästä, vaan jatkan kohti tavoitettani. Tavalla tai toisella sinne pääsen.

VELKAJÄRJESTELY – UHKA VAI MAHDOLLISUUS

Käräjäoikeuden määräämä velkajärjestely kestää yleensä noin kolme vuotta ja jos velkaa on vielä sen jälkeen maksamatta, loppuvelka raukeaa pois. Omistusasunnon säästävä velkajärjestely kestää yleensä yhtä kauan, kunne asunto on maksettu. Yksityishenkilön velkajärjestelyyn lasketaan aina kaikki henkilön lainat mukaan, tästä johtuen omitusasunnon säästävä velkajärjestely on pidempi.

Velkajärjestelyssä lasketaan aina oma maksuvara, jossa otetaan huomioon kaikki pakolliset kulut sekä kaikki tulot jota tienaa. Maksuvara on se euromäärä, jolla velkaa pystyy maksamaan. Euromääräinen summa, joka jää käteen kuukaudessa on pieni, mutta laskennassa on laskettu, että sillä asiakas tulee toimeen.

Minun tilanteessani voisi olla keinona velkajärjestely, josta päättää käräjäoikeus. Olin yhteydessä velkaneuvojaan jo heti kun ulosottoni alkoi. Vastaus oli aika yksiselitteinen, olin ollut liian vähän aikaa ulosoton "asiakas" ja nyt ollessani äitiyslomalla, ei tilanteeni ollut tarpeeksi vakiintunut. Pyysivät ottamaan yhteyttä kun palaan työhöni, äitiyslomani jälkeen. Eli seuraavat vuodet kärvistelisin kotona velkojeni kanssa, jotka kasvavat ulosotossa korkoa, eikä minulla ollut varaa lyhentää velkaani yhtään.

Jälkikäteen ajateltuna, tämä vain syvensi ongelmaani. Velkajärjestely pitäisi pystyä sopimaan, vaikka tilanteeni oli mitä oli, olihan minulla vakkariduuni johon palata. Tilannetta olisi tullut katsoa sitten uudestaan kun palaan töihin ja laskea maksuvara uusiksi.

Otin velkajärjestelyyn uudelleen yhteyttä palattuani töihin. Siellä vastasi ystävällinen neuvoja, joka sanoi että minulla olisi mahdollisuus päästä velkajärjestelyyn. Ensin tarvitsisi vain toimittaa tuollainen liite ja palkkalaskelma, selvitys velkaantumisesta, listaus Kelan maksamista tuista... Lista tuntui loputtomalta. Ajattelin kumminkin ryhtyä tuumasta toimeen. Keräsin vaadittuja lipareita ja raapustin selvityksen velkaantumisestani. Siinä olisi käräjäoikeudella luettavaa. Kun olin toimittanut tarvittavat liitteet, totesi neuvoja, että koska teen osa-aikatyötä opiskelujeni takia, saattaisi hakemukseni kaatua siihen, etten tee kokoaikaista työtä. Jaa, olisihan hän voinut sanoa sen jo ensimmäisellä puhelukerralla. Minun olisi siis haettava toinen työpaikka, sillä nykyisessä työssäni ei ole tarjolla enempää tunteja. Tämä hävitti koko motivaationi velkajärjestelyä kohtaan. Toisaalta tämä muutti ajatustani niin, että alan taistelemaan velkoja yksi kerrallaan pois listalta.

Opiskelujeni takia en tee enempää töitä. Katson tilannetta kun olen valmistunut ja aikana riittää toisen työn tekemiseen ja siten velkajärjestelyn pariin liittymiseen.

Jos mietit velkajärjestelyyn hakeutumista, ota rohkeasti yhteyttä talous- ja velkaneuvontaan, siellä on todella mukavia ihmisiä töissä ja he ymmärtävät tilanteesi.

PYYKKIVUORI

Tulostan velkalistani, johon merkitsen aina sopimani akordin tai maksusuunnitelman. Aina maksettuani edellisen velan kokonaan, siirrän siihen kuluttamani kuukausittaisen rahamäärän seuraavalle velalle.

Tulostin itselleni velkajärjestelijän keräämän listan veloistani ja alan käymään listaa velkoja kerrallaan läpi. Ison endorfian tunteen sain jo siitä kun sovin ensimmäisen akordini velkojan kanssa, velan summa oli 852,73 euroa ja sain sovittua maksettavaksi summaksi 750 euroa, saan maksaa summan erissä, sovin maksavani 75 euroa kuukaudessa ja tekeväni ylimääräisiä suorituksia aina kun vain pystyn. Sain yli sata euroa säästöä ja asian hoidettua! Mikä fiilis tästä säästetystä sadasta eurosta tulikaan. Seuraava velkani onkin isompi ja sovin siihen akordin tai maksusuunnitelman. Velka velalta alan käymään listaani läpi kuin viikattavien vaatteiden pyykkivuorta. Otan asian listalta, viikkaan ja käsittelen sen ja pistän siistinä hoidettujen asioiden pinoon. Vaikka vuori näyttää alussa toivottoman suurelta, on se järjestettävissä, näin ainakin vielä uskon.

Velkalista pyörii mielessäni jatkuvasti joka on tavallaan hyvä asia, sillä tavalla hoidan asiaa koko ajan eteenpäin. Päivittäin pohdin asiaa ja hoidan asiaa eteenpäin. Velkojien sähköiset palvelut ovat tänä päivänä niin käteviä, että sitä kautta tai sähköpostilla saa varmasti jonkun asiakaspalvelijan kiinni.

HERMOT KIRISTYY

Huomasin pikkuhiljaa alkavani tiuskimaan ihan turhista asioista miehelleni ja minua alkoi ärsyttämään hänen läsnäolonsa. Laitoin asian pikkulapsiarjen piikkiin, vaikka oikea syy taisi olla koko ajan kasvava velkavuoreni. Ihmettelen edelleen, että olemme mieheni kanssa yhdessä, olen niin vaikea persoona kun minua ahdistaa ja työnnän kaikki rakkaimpani pois luotani.

Asiaa ei auttanut takaraivossa tieto siitä, että kohta mieheni keksisi taas uuden rahanmenokohteen talostamme tai sen ympäristöstä. Haluaisin vain olla, elää ja asua talossamme, ilman tietoa seuraavasta projektista. Tuhat euroa tuonne, viisisataa tuonne ja tuokin pitäisi laittaa kuntoon, sehän on vain kaksisataa euroa. Ahdistava ympäristö elää jatkuvan projektipelon alla.

Joskus leikin ajatuksella, että mitä jos vain pakkaisin tavarani ja lähtisin. Muuttaisin omilleni ja lapset saisivat jäädä asumaan tänne paikkaan, jota kodikseen kutsuvat. Minä asuisin mielelläni rivitalossa yksin, lapset vuoroviikoin luonani. Eläähän moni niin. Vai onko ajatusmaailmani vain niin vinksallaan, että tällä tavalla juoksisin vain karkuun omia rahahuoliani? Ovathan ne minun huoliani, ei kenenkään muun.

Toistaiseksi asun alossamme ja jatkan elämääni velkojeni kanssa, koko ajan niitä maksaen. Eihän sitä tiedä mitä tulevaisuus tuo tullessaan, mutta ei minulla ole valitettavaa, onhan minulla katto pään päällä ja lapset joita rakastan yli kaiken. Ilman heitä en tietäisi missä olisin.

Tämä häpeän tunne ei varmasti haihdu koskaan, ainakaan ennenkuin velat on maksettu. Ruoskin itseäni jatkuvasti itseäni miksi olin niin tyhmä, että hain lainoja ja luottoja ja nostin ne? Hain sitä hetken euforiaa, että nyt saan raha-asiani kuntoon, tällä lainalla kaikki hoituu. Vaikka tosiasia oli, että olin syvällä kuopassa koko ajan kaivean kuoppaani vain syvemmäksi.

AJATUSMALLIN MUUTTUMINEN

Lasten saannin jälkeen ajatusmallini on muuttunut. Olen alkanut ajattelemaan, että lapsieni on pystyttävä turvautumaan minuun pahan paikan tullessa eteen sekä myöskin tavallisessa arjessa. Lasten ei pidä miettiä, onko vanhemmilla rahaa ja minkä verran, riittääkö palkka ruokaan, sähköön, lainanlyhennyksiin ja vesimaksuihin. Minä olen nyt se vastuullinen aikuinen, joka kantaa vastuun kaikesta tästä. Tämä tosiasia on muuttanut ajatusmalliani myös rahankäytöstä. Olen asettanut tavoitteen maksaa velkani pois, tavalla tai toisella. Ennen lapsia en osannut ottaa vastuuta asioista, vaan ajattelin aina, että kyllä kaikki järjestyy, niin ne on ennenkin järjestyneet. Kuinka vääristynyt ajatusmaailmani onkaan ollut. Olen aina elänyt liikaa hetkessä; jos tilillä on 52 euroa, käytän sen samantien, koska minulla on rahaa. En ajatellut, että esimerkiksi auto pitäisi kohta tankata, sillä fakta on se, että loppuhan se bensa ennemmin tai myöhemmin ja töihin on ajettava, että saisi rahaa laskujen maksuun.

Ennen mentaliteettini oli elää palkasta palkkaan, tämän lisäksi rahan polttelu tilillä on ollut minulle henkilökohtaisesti iso ongelma. Tämän ongelman ratkaisin nyt voudin ollessa kuvioissa niin, että aina kun palkkani tulee, maksan ensin voudille sopimani maksun ja sen jälkeen nostan käteisenä rahaa itselleni lipaston laatikkoon. Tämä on ainoa tapa, jolla olen saanut rahaa sukan varteen. Ehkä ajan kanssa opin siihen, ettei se raha polttele siellä tilillä vaikka sitä siellä olisikin.

Säästötilin avaamista pohdin jonkin aikaa, kunnes minulle selvisi, että ulosotolla on käytössään järjestelmä nimeltään Uljas, kyllä on nimi keksitty järjestelmälle, joka nuuhkii ihmisten tilejä automaattisesti ja ottaa tililtä rahaa, jos siellä lepää enemmän kuin 1,5 kertaisesti sinulle lasketun suojaosuuden verran. Ulosotto ystävällisesti vain ilmoittaa sinulle, että he ovat siirtäneet rahaa omalle tililleen sinun tililtäsi, jos tileillä joihin sinulla on käyttöoikeus on enemmän kuin aikaisemmin mainittu 1,5 kertaa suojaosuuden verran. Tästä syystä olen kokenut käteissäästämisen toimivammaksi omalla kohdallani. Siihen ei vouti pääse käsiksi.

Jokaisella on oma tyylinsä ajatella rahasta, mutta juuri se on asia, joka kannattaa käydä tarkasti oman itsensä kanssa. Miksi olen velkaantunut? Ostanko tavaroita tyydyttääkseni jonkin halun? Onko minulla peliongelma? Näiden kysymyksien läpikäyminen on hyödyllistä, sillä ongelman ratkeaminen lähtee omasta ajattelumallista. Vertaisin tilannetta johonkin addiktioon; ongelmasta irtipääsyn halun pitää lähteä ihmisestä itsestään. Ympärillä olevien ihmisten mielipiteillä ja ohjeilla ei ole väliä jos kohde itse ei halua muuttua. Apua on hyvä tarjota, mutta jos ihminen ei itse ole valmis muuttumaan, on asennoiduttava siihen, ettei avun kohde välttämättä ota apua vastaan ja vaikka ottaisi, saattaa tilanne palautua hyvinkin nopeasti siihen tilanteeseen jota se oli ennen avun tarjoamista.

VERTAISTUKI-VTR

Koko velkamatkani ajan on minulle ollut iso tuki ja apu Facebookin Velallisten tukiryhmästä VTR:stä, sillä siellä on todella paljon ihmisiä, jotka painivat saman asian kanssa. Itse en ole koskaan ryhmän seinälle mitään kirjoittanut, mutta aina olen saanut avun haku toiminnon kautta, sillä siitä olen löytänyt sen hetkiseen ongelmaani liittyvät keskustelut.

Ryhmässä tunnelma on avointa ja ymmärtävää, kaikki kettuilu on jätetty pois keskusteluista. Ryhmässä tuntee olevansa turvassa ja saavansa osakseen ymmärrystä, kun taas sen ulkopuolella tuntee olonsa kakkosluokan kansalaiseksi jos sinulla on maksuhäiriömerkintä.

Ryhmän ylläpitäjät ovat auttamassa ja heille voi laittaa suoraan viestiä messengerin kautta. Minäkin olen aina saanut vastauksen jos olen sellaista kysynyt. Heillä on myös lakimiehiin yhteyksiä, joiden avulla velkojen laillisuutta voi kyseenalaistaa jos niissä vaikuttaa olevan jonkinlainen epäkohta. Epäkohtia vaikuttaa olleen monella, sillä velkojien korot ovat olleet kohtuuttomia ja jos niitä ei itse osaa kyseenalaistaa, niin ei niitä velkojatkaan lähde korjaamaan. Eli jos painit saman ongelman kanssa, kehotan liittymään kyseiseen ryhmään. Ryhmässä on tällä hetkellä 29 797 jäsentä, joten hengenheimolaisia löytyy paljon. Uskon määrän vain kasvavan jatkossa, sillä Suomesta löytyy tällä hetkellä noin 350 000 ihmistä, jolla on maksuhäiriömerkintä.

Maksuhäiriömerkinnän saanutta kohdellaan kuin kakkosluokan kansalaista. Esimerkiksi puhelinliittymän saanti on todella vaikeaa. Puhelinmyyjät kysyvät jos saisit avattua liittymän jonkun toisen nimiin. Mikä ihmeen järki siinäkin on? Tietty vastuu maksamisella on sitten tällä henkilöllä jonka nimiin liittymän onnistut avaamaan. Vakuutuksia on todella vaikea saada, vuoden maksu etukäteen maksamalla saatat saada vakuutuksen. Sekin riippuu paljon vakuutusyhtiöstä. Itselläni onneksi on vanhat vakuutukset edelleen voimassa, sekä puhelinliittymä avoinna. Niiden laskut on aina pakko hoitaa ajallaan, koska tietää kuinka vaikeaan tilanteeseen sitä joutuu jos vakuutukset katkeaisi maksamattomien laskujen takia.

Miksi maksuhäiriömerkinnän omaava ihminen sitten luokitellaan kakkosluokan kansalaiseksi? Uskon tämän johtuvan siitä, että ne onnelliset jotka ovat hoitaneet raha-asiansa ajallaan eivät osaa asettaa itseään meidän asemaamme ja heidän on helppo pitää meitä vastuuttomina pikavippien nostajina, vaikka eivät tiedä niin monia tarinoita velkaantumisen takaa. He lokeroivat meidät kaikki samaan lokeroon tai tässä tapauksessa meille taitaa riittää hiukka vettynyt pahvilaatikko roskiksen vieressä. Muiden tulisi ymmärtää, että ihminen jolla on maksuhäiriömerkintä ja on ulosoton asiakas ei ole käyttämässä muiden rahoja omien velkojensa maksuun, vaan painii itse oman ongelmansa kanssa.

Eriarvoisuutta myös velallisten keskuudessakin on. Jos olet julkkis ja ajaudut konkurssiin, olet velkaa monelle yritykselle satoja tuhansia, saat paljon ymmärtäväisiä kommentteja ja tsemppejä joka suunalta. Jos olet yksinhuoltaja, joka on velkaantunut joillain tuhansilla ja polttaa tupakkaa saa syyttelyitä siitä, että kuinka hänellä on varaa polttaa syöpäkääryleitä kun voisi niihin käyttämät rahat käyttää velkoihin.

NYKYHETKI

Työskentelen nykyisin täyttä työviikkoa. Aloitin juuri velkojen maksamisen ulosoton lisäksi suoraan velkojille. Velkojien lista on pitkä, enkä ole vielä käynyt kaikkia läpi. Kaikki joiden kanssa olen päässyt keskustelemaan, ovat olleet yhteistyöhaluisia ja olen saanut heiltä akordin tai maksusuunnitelman. Eli rohkeasti vain yhteys velkojiin, ei kannata odottaa huomiseen vaan soittaa vaikka heti, selittää tilanne ja pyytää ratkaisua tilanteeseen.

Olen tehnyt itselleni kuukausibudjetin, joka on ehdoton ohjenuora minulle ja se saa minut hahmottamaan minkä verran minulla on varaa käyttää elämiseen. Joka kuukausibudjetissa olen myös jättänyt itselleni 50 – 100 euroa ihan vain itselleni, jolla niin sanotusti palkitsen itseni siitä, että olen jatkanut työskentelyä kohti tavoitettani, eli ulosoton nollasaldoa. Tämä auttaa minua jaksamaan, vaikka summa ei ole suuri, mutta se raha on vain minua varten.

Tämä oli alkutaipaleeni velkavuoren selättämisessä, mutta tarina jatkuu, sen lupaan...

OHJEITA

Ohjeeni velkavuoren selättämiseen on :

1. Tee selkeä lista jossa on kaikki velkasi ja niiden saldot.
2. Tee itsellesi budjetti, jotta tiedät paljonko tarvitset rahaa joka kuukausi, jolla tulet toimeen ja hoidat pakolliset maksusi. Karsi kaikki turhat kulut pois.
3. Jos keksit itsellesi lisätuloa, voit esimerkiksi ensin myydä tarpeettomia tavaroita pois tai hankkia sivutyön, jolla saat kasvatettua rahavirtaa itsesi suuntaan.
4. Ota yhteyttä velkojiin suoraan, selitä tilanteesi ja sovi mahdollisesta akordista tai maksusuunnitelmasta.
5. Ala maksamaan velkoja niistä, joissa isoin korko ja summat jotka on pienempiä, siten saat maksettua

velkojasi   pois   ja   innostut   velkasaldon
pienenemisestä.

6. Jos maksat jotain velkaa esimerkiksi 30 euroa
    kuukaudessa, kun olet maksanut kyseisen velan, voit
    käyttää sen 30e seuraavan velan lyhentämiseen.

7. Velka velalta selätät velkavuoresi ja hartioiltasi lähtee
    painava paino pois.

LOPPUSANAT

Haluan sanoa jokaiselle, joka on samassa tilanteessa kuin minä, että ei saa vaipua epätoivoon. Apua ja vertaistukea on saatavilla. Älä jää asian kanssa yksin. Talous- ja velkaneuvonta on tehty vain sitä varten, että sinne voi ottaa yhteyttä, jos painii näiden asioiden kanssa. He ovat siellä auttamassa ja neuvomassa.

Avun pyytäminen ei ole merkki heikkoudesta vaan sitä pitää pystyä pyytämään. Ulosotto varmasti pelottaa jokaista, mutta asian käsitteleminen ja avun vastaanottaminen on vahvuus, joka on löydettävä itsestänsä. Jo asiasta ääneen puhuminen on sellainen asia, joka auttaa asian käsittelyssä ja saa toimimaan asioiden hoitamisessa.

Meitä maksuhäiriömerkintöisiä on todella paljon ja luku sen kuin kasvaa. Meissä on voimaa jos uskallamme jakaa kokemuksiamme ja keskustella niistä avoimesti, pelkäämättä naapurin mielipidettä. Itse olen saanut paljon voimaa juurikin facebookin ryhmistä sekä lukemalla muiden kokemuksia aiheesta. Jos minä pystyn tähän, pystyy tähän myös muutkin!

Tässä muutamia hyödyllisiä linkkejä ja yhteystietoja :

Velkaneuvonta :

oikeus.fi/talousjavelkaneuvonta

Takuusäätiön velkalinjan puhelinnumero

0800-98009

Ulosoton sähköinen palvelu

ulosottolaitos.fi

Takuusäätiö

takuusaatio.fi

Facebook

Velallisten tukiryhmä – VTR

Lowellin vapaaehtoinen velkajärjestely

https://maksumyohassa.fi/velkojen_jarjestely/#hae_ratkaisua